ねこねこ春夏秋冬

今日はにゃんの日？

tocorocomugi

日本文芸社

CONTENTS

PART 2 夏の記念日

COLUMN
なんでもない日をクスッと笑える1日に
夏のコムギ村通信

‖ いちごのかき氷にゃんこ ‖

PART 3

秋の記念日

COLUMN
なんでもない日も心と食欲を満たす1日に
秋のコムギ村通信

‖ ピーニャッツ ‖

PART 4

冬の記念日

COLUMN

なんでもない日も寒さに負けずマイペースで！

冬のコムギ村通信

番外編

コムギ村オリジナル記念日

ちょっぴりあやしくてなんだかクセになる
コムギアニマルたちが暮らすコムギ村へようこそ

この本では実際にある
四季おりおりのいろんな記念日やユニークな行事を
コムギアニマルたちがチカラを合わせて
ちょっぴりあやしくみなさまにご紹介するよ

おもしろい記念日やねこをはじめ動物たちの
知られざるひみつもいっぱい！
コムギアニマルの謎にもせまっちゃう・・・？

にゃんでもない日もボクらと過ごすと
にゃんだか楽しくなっちゃうかも♪

どうぞゆっくり楽しんでいってね

コムギアニマルからの伝言

～この本をより楽しむためのポイントを伝授するよ～

POINT I　コムギ村MAPを大公開

コムギアニマルたちが暮らす謎に包まれた「コムギ村」、
一体どんな生活をしているのかにゃ・・・？
移住希望の方はコムギ村役場までお越しください♪

POINT II　春夏秋冬の記念日をCHECK!

この本では春夏秋冬4つに分けて記念日をご紹介します。
みんなの知っているメジャーな記念日から、企業さんや団体さんが
設けたあまり知られていないユニークな記念日まで登場！
各季節の最後にはコムギアニマルたちの四季の楽しみ方も
こっそり教えちゃうよ。

POINT III　にゃんともあやしいイベント・・・!?

本の後半にある番外編では、コムギ村のオリジナル記念日を
ゆるっとご紹介するよ！
コムギ村に伝わるなんだかあやしい行事もチェックしてみてね♪

POINT IV　ねこってにゃんだかおもしろい！

ねこの生態にまつわる
おもしろいエピソードも盛りだくさん！

コムギ村MAPは次のページ

コムギ村MAP

コムギアニマルたちの住む
ちょっぴり不思議な『コムギ村』
自然に恵まれていておいしいものもいっぱいだから
春夏秋冬いろんなイベントが楽しめちゃうよ♪

コムギ山
コムギの森
コムギ神社
コムギ農園
コムギ商店街
MURA YAKUBA
COMUGI CAFE
コムギ湖

PART 1

3月 4月 5月

春の記念日

草花が芽吹き、新生活が始まる季節。
ワクワクと心踊る春の記念日を、
コムギ村のねこたちと一緒に楽しもう！

春

3月1日

男の子は
なかなかいない
レアキャラです

サビねこの日

ひとりとして
同じ毛柄がいない
おしゃれ好き！

「サ《3》ビ《1》」と読む語呂合わせからねこファンの間でいつしか記念日に。「黒×赤茶」の毛が混ざり合っているのが特徴だよ。金属の「錆《さび》」みたいだから、日本では「サビねこ」って呼ばれてるけれど、西洋では「tortoiseshell cat（べっ甲模様のねこ）」と呼ばれているの。とってもチャーミングでしょ？　ワタシたち、実はほとんどが女の子。だから、かわいく呼んでほしいにゃ♡

‖ おめかしサビねこにゃんこ ‖

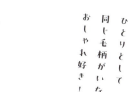

春

3月3日

ひな祭り

女の子の健康と幸せを願ってお祝いする日。旧暦では「桃の節句」とも呼ばれているの。ひな人形を出して、桃の花を眺め

そんなつまみ食いの
テクニックが
あったにゃんて…!

て…。そしてそして、一番の楽しみは…見た目も華やかなちらし寿司！　飾りの海老は「長生き」、レンコンは「見通しがきく」、豆は「マメに働ける」って意味があるらしいにゃ。って、お殿さまの笏《しゃく》、よく見たらお魚じゃないの！

はらぺこ
ひなまつり
にゃんこ

春

3月4日

ねこの手でよければ
お貸しするにゃ♪
COMUGI

‖ クラシックミシンにゃんこ ‖

ミシンの日

「ミ《3》シ《4》ン」と読む語呂合わせにちなんで、ミシンの特許取得から200周年となった1990年（平成2年）の翌年1991（平成3年）年に、日本縫製機械工業会によって制定されたにゃ。ヨーロッパのヴィンテージミシンは、しなやかな弧を描くフォルムが美しく、黒ねこに見えたという方は、お目が高い！　ボクたちってうっとりしちゃうほどの「美ボディ」だからね！

春

3月8日

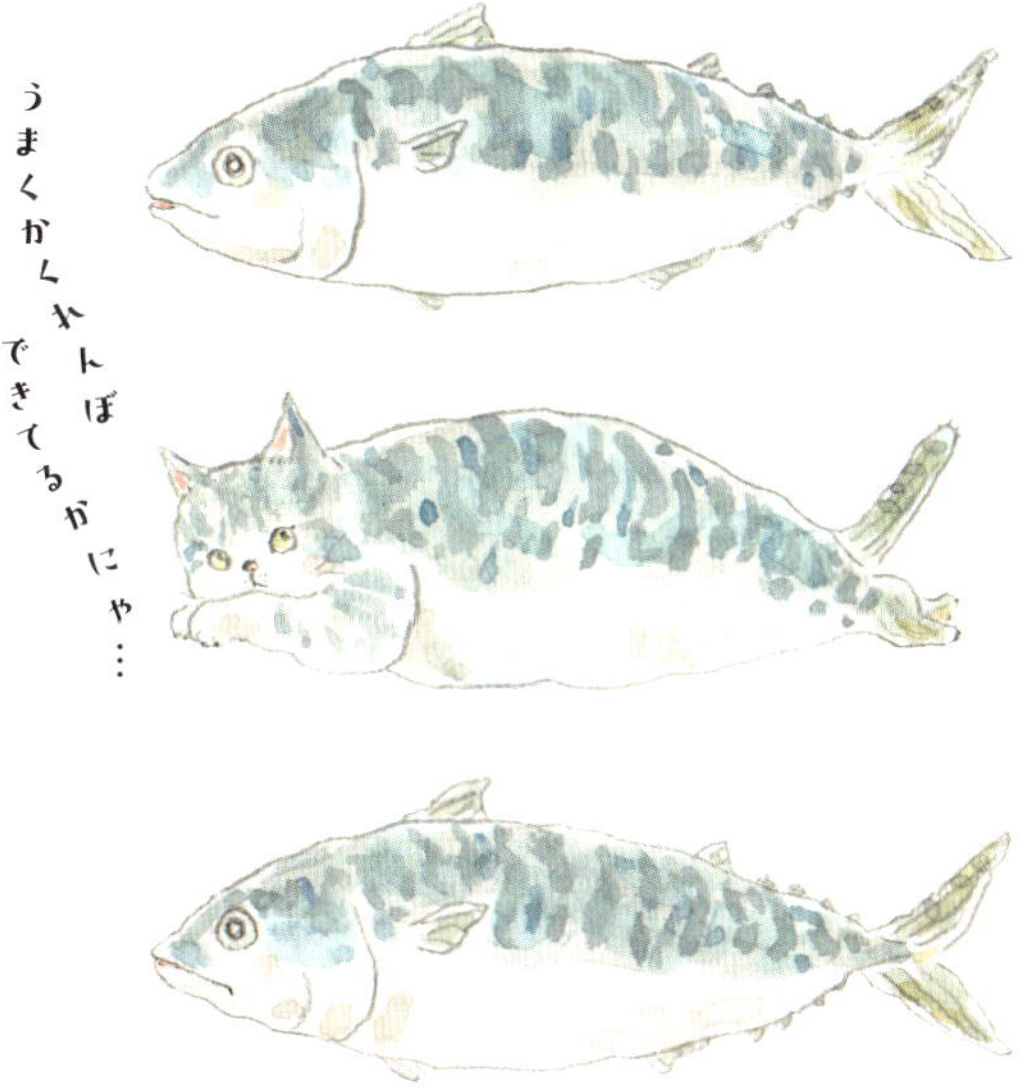
うまくかくれんぼ
できてるかにゃ…

‖ サバとサバとらにゃんこ ‖

サバの日

「サ《3》バ《8》」と読む語呂合わせから、サバの専門店によって制定されたにゃ。サバは「青背の魚」と呼ばれる魚の一種で、背中が青いのは海で泳いでいるときに鳥に見つからないようにカモフラージュするため。ねこ界では、見た目がサバに似ていることから、「シルバー×黒」のシマ模様のねこは「サバトラ」と呼ばれているにゃ。

春

3月11日

狩りは大変だから、竹を食べま〜す

‖ハイタッチパンダにゃんこ‖

パンダ発見の日

１８６９年(明治2年)のこの日は、フランスの博物学者であるアルマン・ダヴィドが、中国で発見した白黒の珍しい毛皮を詳しく調べたところ、中国にしか生息していなかったパンダと判明！　これがパンダの世界デビューとなったよ。正式名称はネコ目(食肉目)に属するジャイアントパンダ(クマ科)。竹が好物のイメージだけど、実はボクたちねこと同じ肉食なんだ。

春

3月14日

口の中でなが〜く
甘さが続くキャンディは
「あなたがずっと好き♡」
って意味！

‖ お寝坊あめちゃんにゃんこ ‖

ホワイトデー

日本の「お返し文化」から生まれた日本由来の記念日。バレンタインデーのひと月あとに「あなたからもらった愛（チョコレート）をボクの優しさ（白いマシュマロ）で包んでお返しするね」という意味でマシュマロを贈るようになったのだとか。でも今では「優しくお断りする」という真逆の意味に！　くれぐれも誤解を与えないように気をつけないとね。

春

3月15日

あなたをステキなところに連れていくにゃ！
グーンと伸びをして準備OK！

‖ ハイヒールにゃんこ ‖

靴の記念日

1870年（明治3年）の旧暦3月15日に、実業家の西村勝三が東京築地に日本初の西洋靴の工場を開設したことにちなんで、日本靴連盟が1932年（昭和7年）に制定。このころの日本は開国したばかりで、履物は草鞋が一般的だったから、靴は西洋化の象徴的おしゃれアイテムだったのにゃ。いい靴はいい場所へ連れて行ってくれると言われているよ。

春

3月21日ごろ

日差しが暖かくなってきて、
花見にいい時期だにゃ〜

‖ 桜の妖精さんにゃんこ ‖

春分の日

昼と夜の長さがほぼ同じになる春の始まりを祝う日。日本では「自然に感謝し、生物をいつくしむ日」として、国民の祝日となっているよ。年によって20日か21日になることが多いのだけれど、これは国立天文台が算出した「暦象《れきしょう》年表」に基づいているんだ。天文学で祝日が決められるのって、世界的に見るととっても珍しいみたいだよ。

春

3月22日

‖ ヒラヒラさくら耳にゃんこ ‖

ボクたちのことを知るきっかけに
なったらうれしいにゃん!

さくらねこの日

「さくらねこ」とは、一方の耳先を少しカットした、桜の花びらのような耳の形をしたねこのこと。これは避妊手術済みであることを人間にお知らせするマークで、「1代限りの命だけど、一生懸命生きているからよろしくね」という友愛の印だと思って欲しいにゃ。3月22日なのは、さ《3》くらと鳴き声の「にゃん《2》にゃん《2》」にちなんでいるよ。

「さくら・にゃん・にゃん」で
覚えてね！

春

3月25日

こうやってちょいと
電気を拝借して
目を光らせているんだ
(というのはウソです)

‖ 充電にゃんこ ‖

電気記念日

1878年(明治11年)3月25日に、東京・虎ノ門の工部大学校ホールにおいて、日本で初めてアーク灯が点灯されたことに由来。それを記念して、日本電気協会によって1927年(昭和2年)に記念日に制定されたにゃ。ボクたちは電気がなくてもよく見えるし、暗闇の中で目をキラッと光らせることができちゃうよ。

春

4月6日

ワタシといちごの組み合わせって、
いちごチョコみたいでお似合い？

‖ いちごにゃんこは考え中 ‖

シャムねこの日

「シャ《4》ム《6》」と読む語呂合わせから。スラットした体型にブルーの目が特徴のシャムねこは、もともとはタイの王族や貴族にしか飼うことが許されなかった高貴なねこだったの。「シャム」というのも「タイ」の旧国名にちなんでいるのよ。顔、耳、脚、しっぽがチョコレートのような色をしているところも、とっても素敵でしょ？

春

4月8日

みんなでコムギ村を
パトロール中！

‖ 柴犬パトロール隊 ‖

柴の日

「し《4》ば《8》」の語呂合わせから、柴犬をより愛でる日として制定。日本犬の中でも最も歴史のある犬種で、いろんな地域にルーツがあって、毛色や顔立ち、尻尾の巻き方に違いがあるみたい。柴犬くんは、パーソナルスペースを大事にしているから「柴距離」をとって、ほどほどの距離を保とうとするんだってね。クールな者同士、ボクたち意外と気が合いそうじゃない？

春

4月11日

今日は目玉焼きになりすまし、おいしい匂いでみんなを起こすにゃ！

‖ ふたごの目玉焼きにゃんこ ‖

しっかりいい朝食の日

「し《4》っかりい《1》い《1》朝食」の語呂合わせから、グラノーラのブランドを展開するカルビー株式会社が制定。新生活がスタートするこの時期に、朝からしっかり朝食を食べてもらおうというのが目的なんだ。ちなみにボクたちは本来、早朝に狩りをするからとても早起き。人間からごはんをもらうため、毎朝いろんな方法で起こしているにゃ！

春

4月12日

ボクは「外モチ、中フワ」が好きだにゃ〜

焼きたてほやほや
パンにゃんこ

パンの記念日

パンの記念日は、江戸時代の1842年（天保13年）4月12日に、武士の江川太郎左衛門が幕府からのお願いで「兵糧パン」※を焼いたことに由来しているんだ。このパンがきっかけとなって、その後大規模なパン工場が作られていったんだ。当時のパンは「乾パン」みたいなもので、ボクたちみたいなしっとりふわふわな食感ではなかったみたいにゃんだけどね。

※戦に備えて保存や持ち運び用として固く焼かれたパン。戦地で火を起こす必要がなかったことが利点であったと言われている。

春

4月25日

ふわふわの冬毛を使って、氷上散歩に出かけよう！

世界ペンギンの日

毎年4月25日前後にアデリーペンギンがアメリカの南極大陸に現れることに由来。足の大部分を体内に隠しているから、短足に見られがちなのが悩みだとか…。あと、実はペンギンって年に一回、毛の撥水性や断熱性を保つために全身の毛が生え変わっていて、この時期が来るとふわふわ&ボサボサになっちゃうんだって。そこはボクたちねこと一緒だね！

春

4月の最終土曜日

緊張しなくても
大丈夫ですよ～
ドキドキドキドキ…

‖ 恋わずらいにゃんこ ‖

世界獣医の日

獣医学に関する専門職の存在と仕事、その活躍ぶりを世の中に広めることを目的に、世界獣医学協会（WVA）が2000年（平成12年）に定めたものだそう。ボクたちって病院ってところがちょっと苦手なんだけど、獣医さんが「かっこいいね」ってほめてくれたり、たまにおやつをくれたりもするから、最近は行ってもいいかな、なんて思ってるにゃ。

春

5月5日

一番大きいボクは「真鯉」にゃん！
2番目に大きいボクは「ひ鯉」にゃん！
ボクは小さいから「こ鯉」でデビュー！

‖ ゴロゴロこいのぼりにゃんこ ‖

子どもの日

子どもたちが元気に育ち、大きくなったことをお祝いする日。もともとは「端午の節句」として、男の子の健やかに育つようにお祝いする行事だったのが、1948年（昭和23年）に「子どもの人格を重んじ、幸福をはかるとともに、お母さんに感謝する日」として、祝日になったんだよ。ところで空に泳いでいるあの3匹の魚って、いつ食べられますかね？

春

5月9日

キャラメルバニラ味にゃん！

キャラメルバニラ
にゃんこ

ウトウトしている間に溶けちゃった！

でろでろ
アイスクリーム
にゃんこ

アイスクリームの日

日本アイスクリーム協会が定めた日。１９６４年（昭和39年）に日本アイスクリーム協会の前身である東京アイスクリーム協会が、アイスクリームのシーズンがスタートする５月９日に記念事業を開催したのがきっかけなんだって。ボクたちねこは冷たすぎるものは食べられないんだけど、マーブルやチョコチップ味は見た目がボクたちに似ててかわいいね！

春

5月の第2日曜日

だいすきなお母さん、
大事に育ててくれてありがとにゃ。

‖ ほんとの気持ちにゃんこ ‖

母の日

1907年（明治40年）、アメリカで母を亡くしたアンナ・ジャービスが、追悼会で白いカーネーションを配ったのがきっかけ。「生きている間にお母さんに感謝の気持ちを伝える日」として日本に伝わったんだ。ボクたちもお母さんが大好き。布団をチュパチュパ吸ったり、ふみふみしたりするのは、お母さんのお腹の心地よさを思い出し、人間に甘えているんだにゃ。

春

5月24日

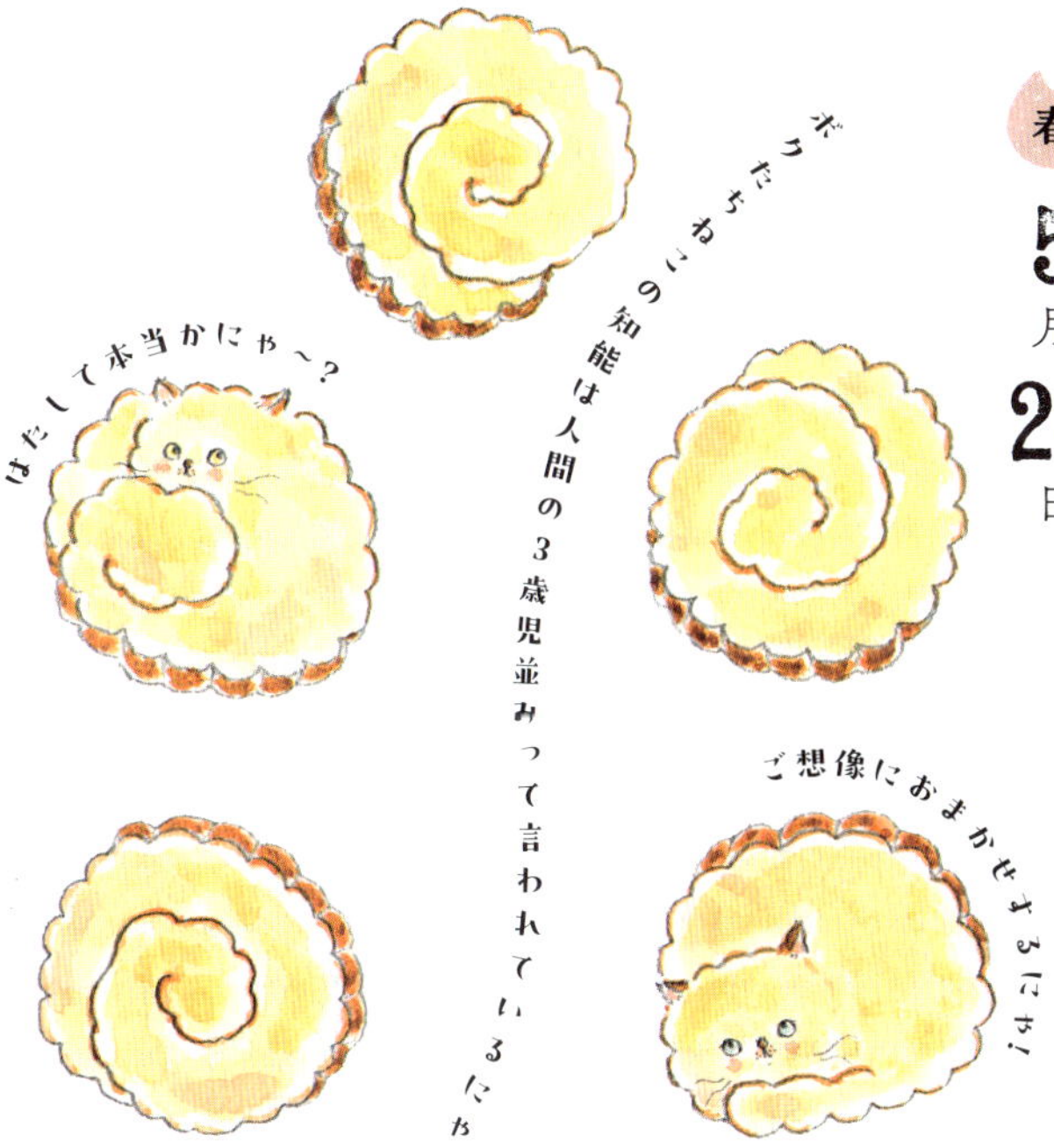

‖ ふわふわ伊達巻にゃんこ ‖

伊達巻の日

制定したのは、卵焼きや厚焼き玉子などの寿司具を製造・販売する株式会社せんにち。戦国武将、伊達政宗の好物が伊達巻だったとされており、その命日である5月24日を伊達巻の日としたんだ。おせち料理の定番メニューでもある伊達巻は、その形が巻物（書物）を連想させることから、「知性」の象徴とされているにゃ。

COLUMN

なんでもない日をほっこり笑える1日に

春のコムギ村通信

コムギ村のねこたちの、
体いっぱいに春を感じる姿をお届け！

＼桜の開花が待ち遠しい！／

「桜前線」をチェック

日本各地の桜の開花予想日を同じ地点で結んだ線を「桜前線」っていうにゃ。桜は「おや、あったかいな…よし、咲くか」といった感じで、気温の変化に刺激されて、九州や四国、関東と南から北へと順番に花が開いていくんだにゃ。

‖ 桜前線にゃんこ ‖

＼春の新作かぶり物発売／

情熱が解放できちゃう!?
サボテン頭巾

春から夏にかけて花を咲かせるサボテンの花言葉は「秘めた情熱」。ボクたちねこって、一見クールに見えるかもだけど、サボテンのように実は熱いハートの持ち主なのにゃ。

＼春のなりきりMVP／

「花より団子」ならぬ、「花よりにゃんこ」

ボクたちはとってもグルメ。サカナ派もいればチキン派もいるから、食べたいものを食べたいだけお弁当に詰めちゃうにゃ。あれっ？…メインのおかずは、エビとチキン…だよね…?!

PART 2

| 6月 | 7月 | 8月 |

夏の記念日

太陽と海が描く、夏物語がいよいよスタート！
開放感あふれる夏の記念日を、コムギ村のねこたちと一緒に満喫しよう！

夏

6月1日

真珠の中でもめずらしい、立派な丸みだこと！

‖ まぼろしの真珠にゃんこ ‖

真珠の日

日本真珠振興会が1965年（昭和40年）に制定。真珠の研究や真珠産業の発展を目的とし、また6月の誕生石が真珠であることにもちなんで記念日にしたと言われているよ。真珠は貝の中にできる宝石で、キラキラと控えめに輝く姿から「月の雫」や「人魚の涙」とも表現される美しさ。ミステリアスで丸いフォルムが白ねこみたいじゃない？

夏

6月4日

ほっかほかの、モッフモフに
仕上がってますよ～

‖ ほかほか肉まんにゃんこ ‖

蒸しパンの日

「むし《64》」と読む語呂合わせから。朝ごはんやおやつとしてもっと蒸しパンを食べてもらいたいとの思いから、「チーズ蒸しパン」でおなじみの北海道の日糧製パン株式会社が制定したんだ。ちなみに「蒸す」という調理法は中国から伝わった東洋独特の調理法なんだって。蒸しパンもおいしいけど、丸くてあったかいボクたちもみんな好きだよね？

夏

6月9日

にゃお〜ん！
にゃお〜ん！

ボクたちはっ
おなかが空いたらごはんがもらえるまで
あきめないぜっ！

ロックンロール
にゃんこ

もらえるまで
鳴き続けろ〜！

ロックの日

「ロ《6》ック《9》」と読む語呂合わせから。「ロック」とは、音楽のジャンルの1つである「ロックミュージック」のことだけれど、最近は生き方や考え方なんかにも、「ロックな生き様だね！」っていうふうに使われるくらい、なじみのある言葉になったよね。ちなみに6月9日は防犯に大切な「我が家のカギを見直すロックの日」でもあるよ。

夏

6月10日

人間の5倍ほどの
スピードで
歳を重ねていくにゃ！

‖ はらぺこ腕時計にゃんこ ‖

時の記念日

1920年（大正9年）に、もっと時間を大切にしてほしいという思いから生活改善同盟会により制定。日本で初めて、時※計で時を計り、人々に時を知らせる鐘を打った日といわれているよ。ちなみにボクたちねこは、1歳でおよそ人間の18歳になり、1歳以降は1年に人間でいう4歳ずつ歳をとるんだにゃ。

※「漏刻《ろうこく》」と呼ばれる、容器に水が流入するような仕掛けの水時計のこと。水面の高さの変化で時間をはかった。

夏

6月12日

‖ お胸ドキドキにゃんこ ‖

恋人の日

ブラジルでは、6月12日は縁結びの神様である聖アントニウスの命日の前日を祝う日。恋人同士が写真立てに写真を入れて交換し合う風習があるんだ。この風習は、1988年（昭和63年）ごろから日本でも取り入れられ始めたんだって。ねこたちのラブラブ期も6月から8月がピーク。ラブコールが聞こえてもそっと見守ってね♡

カツオに合わせたら、
どんな味なんだろにゃ～

‖ 採れたてピチピチみょうがにゃんこ ‖

いいみょうがの日

みょうがの旬の時期である6月と「い《1》いみ《3》ょうが」と読む語呂合わせから、みょうがの生産が盛んな高知県農業共同組合が制定した記念日。高知県といえば、ボクたちも大好きなカツオも有名だけど、人間はカツオの表面だけをあぶって「たたき」にして、薬味にみょうがを加えて食べると聞いたにゃ。あれはちょっと気になるにゃ～。

夏

6月18日

ねぇねぇ
茶トラのアニキ、
おいらにもおくれよ～
モグモグモグ…
ちょっと最近
ムチムチしてきたけど、
梅干しはヘルシーだから
大丈夫！

‖ おまかせおにぎりにゃんこ ‖

おにぎりの日

石川県旧鹿西《ろくせい》町から日本最古のおにぎりの化石が発見されたことにちなんで、町名の頭の「ろく」をとって6月に、また毎月18日が「米食の日」であることから6月18日に制定されたよ。おにぎりに親しむイベントも開かれているみたいだから、今年はボクたちそれぞれの「推しおにぎり」になりきって参加しちゃうにゃ！

夏
6月
22日

ふふ…このピンの
後ろに隠れていたら
倒れるまい…

‖ ボウリングにゃんこ ‖

ボウリングの日

1861年（文久元年）6月22日に、日本最古のボウリング場である長崎県出島の「インターナショナル・ボウリングサロン」がオープンしたことが由来で、1972年に日本ボウリング場協会※が制定したんだ。ボウリングのピンって、ボクたちがスンとすまして座っている姿に似ているよね…、って、みんな！ よけて、よけてぇ～！（ストライク☆）

※現公益社団法人日本ボウリング場協会。

うにゃーん!!

‖ ボウリングにゃんこ2 ‖

夏

7月2日ごろ

半夏生《はんげしょう》

半夏生は夏至（6月21日か22日）から数えて11日目の7月2日ごろから七夕（7月7日）までの約5日間。この時期は雨がたくさん降ることから、農家が

‖ ゆでダコにゃんこ ‖

田植えを終わらせる目安になったんだ。また、関西地域ではこの日にタコを食べる習慣があるよ。これは植えた稲の根が、タコの吸盤が吸い付くようにしっかりと根付きますように、という願いが込められているんだって。

暑さ対策をして、ボクたちみたいに
「ゆでダコ」にならないでね～

夏

7月6日

きょうは鍵盤になりきってみたけれど、
どんな音を奏でようかにゃ…

ピアノの日

ピアノがはじめて日本にやってきた日に由来。日本初のピアノは1823年（文政6年）にドイツ人の医師シーボルトが持ってきたと言われているよ。ピアノの高い音はボクたちねこの好みの音色でうっとりしてしまうにゃ。でも。第4オクターブの「ミ」の音は、子ねこがSOSを出す時の鳴き声と同じ高さみたいだから避けて弾いてあげてね。

白黒ピアノにゃんこからの挑戦状

夏 7月7日

‖ 冷やし中華にゃんこはじめました ‖

冷やし中華の日

7月7日は日本の五節句（季節の変わり目の行事）の「七夕」。また二十四節気※では「小暑」で、本格的な暑さを迎える日になるよ。「冷やし中華の日」になったのは、1955年（昭和30年）。冷やし中華の愛好家によって制定されたんだって。「冷やし中華はじめました」の掲示も、だいたいこの時期を過ぎたあたりからよく見かけるようになるみたいにゃ。

※1年を春夏秋冬に分けて、さらにそれぞれを6つに分けた季節を表す暦のこと。

夏

7の第3月曜日

アヒルの子どもたち！
ボクが
泳ぎのお手本を
見せてあげるにゃ！
?

‖ 区民プールにゃんこ ‖

海の日

海の恵みに感謝する日。お魚が好きで港町に住んでるボクたちのなかまの話によると、どうやら海の恵みは食べ物だけではないらしい。外国から大きな船で物を運んできたり、船に荷物を乗っけて遠くの国へ送ったり、そうそう、ねこは昔、船乗りのお供として船に乗って航海していたんだって！ 世界とボクたちをつないでくれる海はすごいにゃあ。

夏

7月30日

見るにゃ！
この高さを！
とりゃー！
かかってこい！
タイガーにゃスク!!

‖ キミを守る！プロレスにゃんこ ‖

プロレス記念日

1953年（昭和28年）の7月30日に、元力士でプロレスラーの力《りき》道《どう》山《ざん》選手が日本初のプロレス団体「日本プロレスリング協会」を結成したことに由来。プロレスいえば、その華やかな衣装も見どころだけど、「タイガーマスク」っていうボクたちに似た見た目の覆面レスラーがカッコいいんだ。ロープの上から飛ぶ姿なんて惚れ惚れしちゃうにゃ。

夏

8月1日

水浴びは苦手だけど、
流れる水は大好き！

‖ 蛇口からにゃんこ ‖

水の日

1977年（昭和52年）に、「限りある資源である水を大切にしよう」と日本政府が制定。8月1日から1週間を「水の週間」として水の大切さを呼びかけているんだ。ちなみにねこって水に個々のこだわりがあって、ボクは水道から直接飲みたい派なんだよね。夢中になって顔がびしょびしょになってもお構いなしさ！

夏

8月の第1金曜日

記念日にぴったりの
特別な泡を
作っておきましたよ

あわあわビール
にゃんこ

ちょっとボクだけ焦げちゃったかにゃ…

黒コゲぎょうざ
にゃんこ

世界ビールデー

２００７年（平成19年）にアメリカのカリフォルニア州サンタクルーズで始まった、ビールに関わる人に感謝する記念日。今では日本を含む世界２００都市以上で、友人や家族と楽しく乾杯する形で祝われているよ。そしてビールのお供といえば、やっぱり餃子！　えっ？　背中が茶色くてお腹が白いところが、三毛ねこっぽくて食べられない?!

夏

8月7日

むくんじゃったみたいで、皮の中に収まらにゃい…
バナナ食べなきゃ!

‖ そんなバナナにゃんこ ‖

バナナの日

「バ《8》ナ《7》ナ《7》」と読む語呂合わせから、日本バナナ輸入組合が制定。日本は世界で有数のバナナの輸入国で、日本人が一番食べているフルーツがバナナなんだとか。栄養たっぷりで甘いバナナは夏の熱中症対策にもぴったり。カリウムも多く含んでいるから、むくみ予防も期待できるよ。ワタシもこの美に磨きをかけるために、少しいただこうかしら。

夏

8月8日

みんなで手と手を取り合って、仲良く暮らしたいにゃん！

‖ 天体観測にゃんこ ‖

世界ねこの日

2002年（平成14年）にカナダに本部がある「IFAW（国際動物福祉基金）」が制定。なぜ8月8日なのかはわからないんだけど、ボクたちねこのことを考え、敬い、救う日にゃんだって。人間がそんな風にボクたちのことを思ってくれているなんて、とっても嬉しいにゃ。その気持ちを形にってことで、今日だけ特別なおやつ、もらってもいいかにゃ？ てへっ♡

夏

8月10日

世界ライオンの日

非営利団体「African Parks」がライオンの保護※を呼びかけるために制定。ライオンさんはボクたちと同じ「食肉目ネコ科」

これでおいらも「百獣の王」に見えるかにゃ？

なんだけど、ボクたちがソロで活動するのに対し、唯一「群れ」で暮らすネコ科の動物で、仲間と連携して狩りをするんだ。しかし驚いたのは、オスはほとんど狩りをしないだって！　頑張って獲ってきてもらったごはんだから、感謝していただかないとね！

※生息地の減少やハンティングにより、ライオンは絶滅の危機にさらされているが、その現状はあまり知られていないため、周知と喚起を目的に制定された。

ライオンに
憧れる
にゃんこ

夏

7月13日～16日または8月13日～16日

はーい、
「お盆発ヌシさま行き」の
バスはこっちですよ～！
お盆バス
この世行き
のりば

‖ お盆にゃんこ ‖

お盆

地域によってお盆の月は異なるよ。お盆はこの世を去った霊が13日の「迎え盆」に帰って、お供え物やおもてなしを楽しんで、16日の「送り盆」までこの世の家族と過ごす行事。この世を離れたボクたちねこにとっても、毎年のお盆は、あの世でできた友だちをたくさん連れて帰る大切なイベントなんだ。今年のお供え物はなにかな？　ササミのねこ缶があるといいにゃ♪

夏

8月17日

こう見えてアタクシ、
可愛い声で甘えるタイプなんです
ラムネ

‖ クロネコ夏花火 ‖

黒ねこ感謝の日

英語では「Black Cat Appreciation Day」といって、世界中で認知されているねこの記念日。黒ねこを愛した女性の命日にちなんで、すべての黒ねこの幸せを願う日として親しまれているよ。美しい毛並みとスタイリッシュなボディに、惚れ惚れしてしまうにゃ。それでいて、フレンドリーで甘え上手、活発な性格なのに、賢いだなんてギャップにやられちゃうよね。

夏

8月31日

野菜の日

「や《8》さ《3》い《1》」と読む語呂合わせから。野菜の栄養価やおいしさを見直してもらうことを目的として制定されたと言われているよ。ちなみに人間が1日に摂りたい野菜の目標量は「350g」なんだって。でも安心して！ ボクたちはふたり合わせて8キロくらいあるから、ボクたちを吸えば、らくらく補えちゃうかもよ？

採れたてぴちぴちの
「お野菜にゃんこ」をどうぞ！

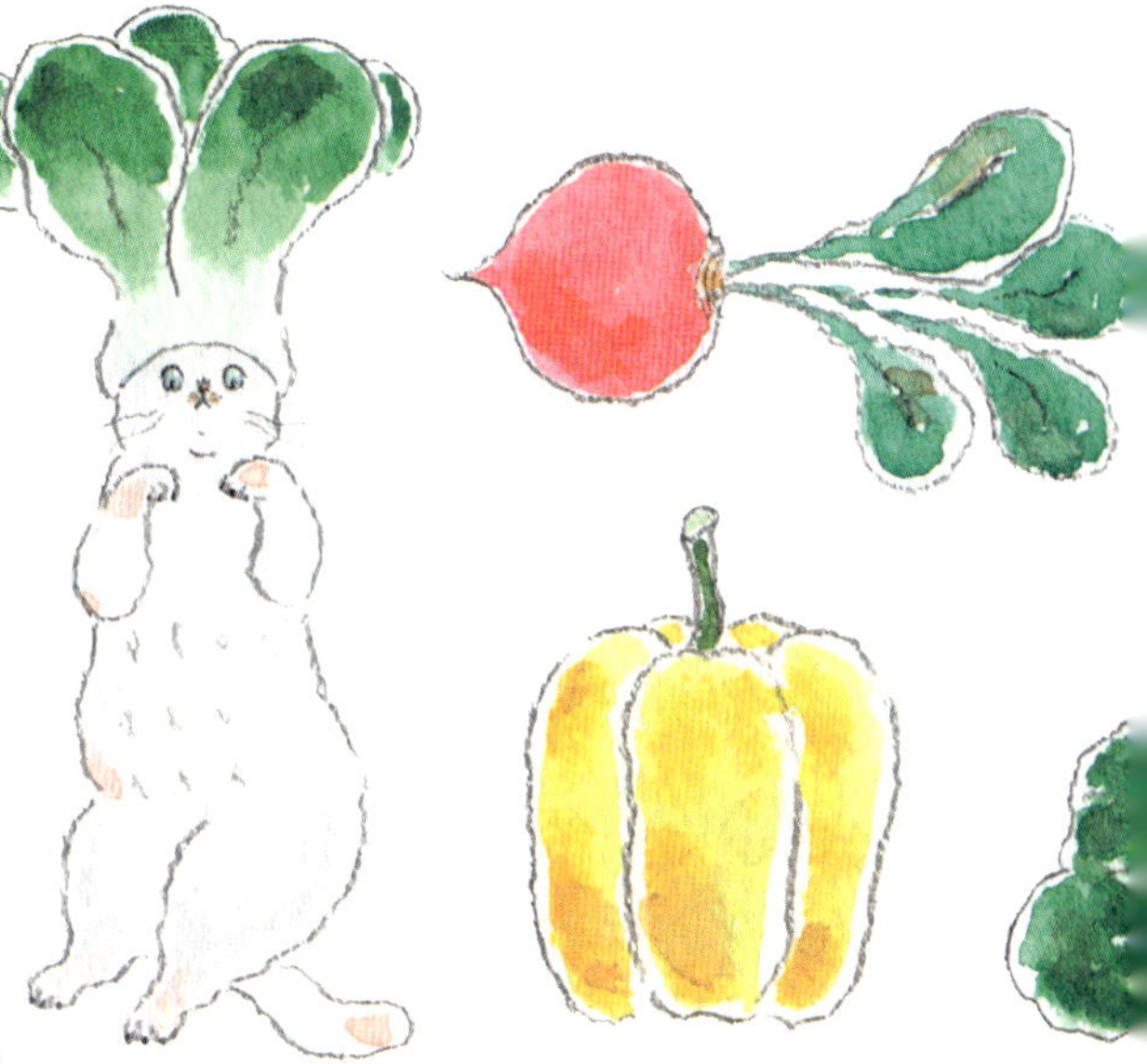

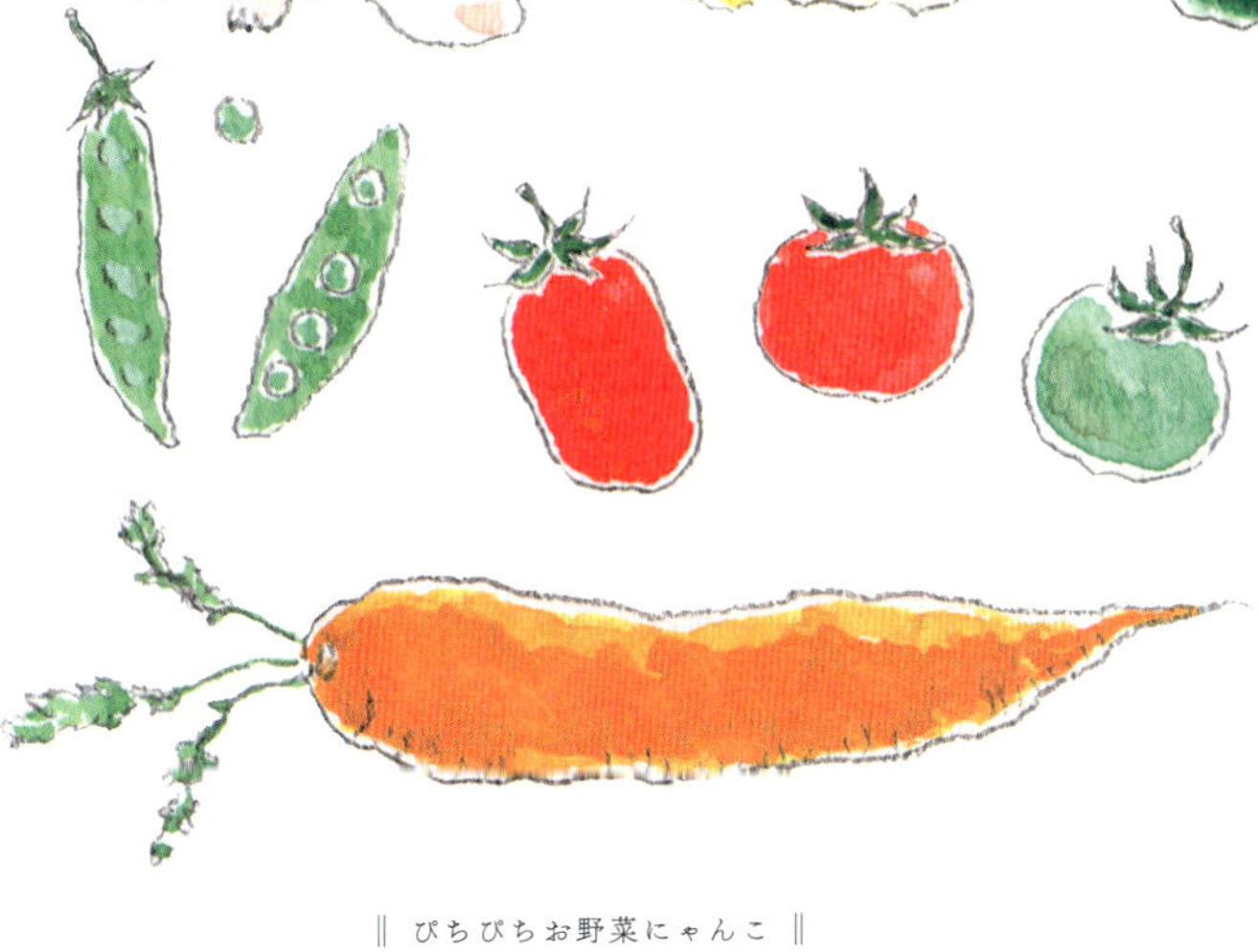

‖ ぴちぴちお野菜にゃんこ ‖

COLUMN

なんでもない日をクスッと笑える1日に

夏のコムギ村通信

コムギ村のねこたちの、

ユーモアあふれる夏の楽しみ方をご覧あれ!

すいかサンドウィッチ
にゃんこ

コムギ村で大流行中の
夏の遊び！

題して「すいかくれんぼ」

暑い夏は、採れたてのすいかを使ってかくれんぼ。おいしいすいかって叩くと「ボンボン」って弾むような音がするんだって。ちなみにボクたちはどんなに暑くても肉球からしか汗をかかないんだよ！　遊びながら食べられるし、水分補給にもぴったりだにゃ。

緊張で肉球から汗が……
すいかでクールダウンしよ…

こりゃあスリリングで、暑い夏にぴったりだにゃ！

＼夏限定アトラクション！／

動きが気になる「風鈴」が試運転開始！

素敵な音色で揺れる風鈴。ボクたちの場合、風鈴の音よりも気になるのはあの揺れ方だにゃ。届きそうで届かないもどかしさを解消するために、この夏とうとうひもにぶら下がってみました！

‖ ひまわり帽子にゃんこ ‖

ママ、
きゅうりが落ちてるけど、
ボク食べていい？

＼最先端の夏ファッション！／

ゴッホ並みに
ひまわりを全身で感じる

ゴッホの絵画『ひまわり』に、ひけを取らないほど芸術的な、ひまわりコーディネートのねこ親子。コムギ村のひまわり畑で採れた花を帽子にして、季節感を意識した親子コーデを楽しんでるにゃ。

PART 3

9月 10月 11月

秋の記念日

実りの秋に包まれる、心豊かな時間。旬の味覚や
自然の彩りたっぷりの秋の記念日を、コムギ村の
ねこたちと一緒に味わい尽くそう！

秋

9月1日

どれがホンモノの
キウイかにゃ？

‖ 採れたてキウイ ‖

キウイの日

「キウ《9》イ《1》」と読む語呂合わせから。夏の疲れが溜まっているこの季節に、「元気フルーツ」と呼ばれるキウイを食べて過ごそうと提案している記念日。キウイという名前は、ニュージーランドの国鳥「キーウィ」に見た目が似ていることにちなんでつけられたんだよ。まるくて茶色い体や、みんなにかわいいって言われるところとか、ボクたち結構似てるよね！

秋

9月3日

‖ 三日月の上でおやすみにゃんこ ‖

秋の睡眠の日

睡眠の日は年に2回あって、3月18日が「春の睡眠の日」、そして9月3日が「秋の睡眠の日」なんだ。ボクたちは寝るのが仕事ってくらい、季節問わず1日だいたい14時間近くは寝てるかにゃ。「ねこ」って呼ばれるようになったのも「寝る子」が変化したという説もあるくらいなんだ。お腹いっぱいになると、つい…ね…ちゃう… ｚｚｚ。

秋

9月9日

最先端の「モンブランヘア」で
ファッションの秋を先取り！

‖ モンブランにゃんこ ‖

栗節句

栗節句は五節句（季節の変わり目の行事）の1つ、重陽《ちょうよう》の節句のこと。この時期に新栗が取れることから、栗料理や栗菓子を食べて、長寿や無病息災を願うんだ。和で攻めるなら栗きんとんもいいけれど、今回ボクたちは洋風に、毛色に合わせてモンブランになりきってみたにゃ。頭にはマロングラッセと栗の甘露煮を乗せてアクセントに。どっちもイケてるでしょ？

秋

9月12日

ボクたちって最高にかわいいから、
星座にもしたくなるよね！

‖ くるくる流れ星にゃんこ ‖

宇宙の日

1992年（平成4年）の国際宇宙年を記念して制定。日付は毛利衛《もうりまもる》宇宙飛行士がスペースシャトルで宇宙に飛び立った日に由来しているよ。宇宙といえば、かつて「ねこ座」があったなんて知ってた？ 18世紀ごろ、フランスの天文学者のラランドが大のねこ好きで、ほぼ趣味でボクたちを星座にしてくれたみたい。でもいつの間にかなくなっちゃったんだって。

秋

9月の第3月曜日

海老フライにゃんこと
ゆで海老にゃんこ、
どっちがお好き？

ぷりぷりむきエビ
にゃんこ

揚げたて
エビフライにゃんこ

海老の日

「敬老の日」と同じ日。縁起のよい海老を食べて、おじいちゃんやおばあちゃんの長寿をお祝いするために制定されたよ。海老が長寿の象徴なのは、長いひげや曲がった体が老人に似ていることや、「海老」という漢字が「海の翁[※]」に由来すると言われているから。ボクのおじいちゃんには海老の「けりぐるみ」をあげようっと！

※おじいちゃんの敬称。

秋

9月17日

もちもちの「ニャッツァレラチーズ」はボーノ（おいしい）にゃの！

ボーノボーノにゃんこ

イタリア料理の日

日付はイタリア語で「料理」を意味する「ク《9》チ《1》ー《7》ナ（CUCINA）」の語呂合わせから、イタリア料理や文化の普及を目的に制定されたよ。イタリアといえばさ、その南、地中海に浮かぶ小さな島国「マルタ共和国」って知ってる？　ここには人間の2倍近くのねこがのびのびと暮らしていて「ねこの楽園」って呼ばれているんだにゃ。

秋

9月29日

コイコイ～！
この右手でたくさん
おやつを招くにゃ！

‖ 招きねこにゃんこ ‖

招きねこの日

1995年（平成7年）に招きねこを愛する団体、日本招猫倶楽部が、招きねこが福を呼び込むことにちなみ、「く《9》るふく《9》」の語呂合わせで制定。招きねこの左手は良縁や商売繁盛、右手は金運を招き、さらには両手でどちらも招くよくばりにゃんこも！　色の意味は、白は幸せ、黒は魔除け、赤は病除け、黄色は金運、ピンクは恋愛運、紫は健康運UPにゃんだって。

秋

9月30日

秋刀魚の日

秋の旬を代表する秋刀魚。「秋刀魚」という漢字は、形や色が刀に似ていることに由来するんだって。日付の30を「さん」に「〇《まる》」で「さん《3》ま《○》」と読ませた語呂合わせから、9月30日がいつしか秋刀魚の日として親しまれるようになったにゃ。各地で秋刀魚を焼いて食べる「さんま祭り」も開催されるみたいだから、ボクたちが釣った秋刀魚も焼いてもらっちゃお。

このまま生で食べたいけれど、
お祭りまで我慢するにゃ

‖ 初競さんまにゃんこ ‖

秋

10月1日

ねこ舌でホットは飲めないから、全身で感じてます

‖ 淹れたてコーヒーにゃんこ ‖

国際コーヒーの日

２０１５年（平成27年）に国際コーヒー機関によって制定された記念日だよ。ちなみに、もともとは１９８３年（昭和58年）に全日本コーヒー協会がこの日を「コーヒーの日」と定めていたんだって。日付はコーヒーの産地、ブラジルのコーヒー豆の収穫時期にちなんでいるんだ。「読書の秋」に、スイーツがおいしい「食欲の秋」。コーヒーも一緒に楽しみたいにゃ。

秋

10月7日

ギザギザの線がアーティスティックでかっこいいでしょ？
28028028
800

‖ バーコードにゃんこ ‖

バーコードの日

１９５２年（昭和27年）にアメリカでバーコードの特許が認められた日として制定されたよ。今日はボクが特別に、爪でオリジナルバーコードを作っちゃうよ！　ボクは爪研ぎは壁派なんだけど、麻や木、ダンボールなんかも人気だね。たまに「こんなところにも！」って人間が驚く場所でも研いじゃうけど、結局みんな「芸術点が高い！」って、残しておいてくれるんだ。

秋

10月10日

ワタシたちみたいに
なかにはお風呂好きのねこもいるのよね～

慣れちゃえばこんなに
気持ちいいものないのにね～

‖ 銭湯にゃんこ ‖

銭湯の日

「せんとう《1010》」と読む語呂合わせと、１９６４年（昭和39年）の東京オリンピック開幕日が10月10日だったことから。スポーツをした後にお風呂に浸かることが健康にいいと、東京都公衆浴場業生活衛生同業組合が１９９１年（平成３年）10月10日に制定したんだ。ボクたちは普段は毛繕いで清潔に保てるから、半年に１回くらい、洗ってくれると嬉しいな！

聞いた？　商店街の魚屋さんの話？

アジフライ始めたんだって～

食べたいけど、牛乳に合うからしら…

‖ 牛乳瓶にゃんこ ‖

秋

10月13日

お豆さんって
ボクたちの肉球みたいに
ぷりぷりだにゃ！

‖ そらまめ三兄弟 ‖

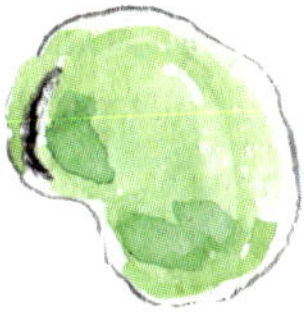

豆の日

旧暦の9月13日は「十三夜」と呼ばれ、豆を供えて月を愛でる習慣から「豆名月」と呼ばれたんだ。そしてこの日を新暦にすると毎年変わるので、10月13日を「豆の日」としたんだ。そういえば豆って、ボクたちの肉球に似てるよね。肉球ってピンクってイメージだけど、毛色の違いによって黒やあずき色などいろんな色のねこがいるんだよ。

秋

10月15日

えっ、もしかして寝てる間にエリンギに間違われちゃった?!

採れたてエリンギにゃんこ

きのこの日

きのこがよく採れる10月に、正しい知識と健康食品としての認知度を高めるために、日本特用林産振興会が制定。ちょうど月の真ん中だから15日になったみたい。それにしてもエリンギって、茶色のカサに白いボディで「茶白」って柄のねこみたいだよね。頭の茶色の毛が髪の毛みたいって、「カツラ」とか「七三」って呼ばれるねこもいるみたい。失礼しちゃうわ！

秋

10月20日

‖ ほろ酔いにゃんこ ‖

HelloWineの日

ハロウィンにワインを飲む文化を作り、ワインを気軽に楽しいでもらいたいという思いから制定。日付はハロウィンがある10月と、フランス語で数字の20の発音が「vingt（ヴァン）」であり、ワインの響きと似ていることから決められたよ。記念日名も「ハローワイン」。ホロ酔いのボクたちにはもはや「ハロウィン」と区別がつかないにゃ。

秋

10月23日ごろ

この銀杏の実、帽子にぴったりって思ったけど、
スンスン…ちょっとくちゃいかも！

‖ イチョウと銀杏にゃんこ ‖

霜《そう》降《こう》

二十四節気※の1つで18番目にあたる節目。近年は10月23日か24日にあたり、秋が一段と深まり露《つゆ》が霜《しも》となって降り始める様子から、霜降とされているよ。このころからカエデやイチョウといった植物が紅葉、黄葉し始めるんだ。朝夕の気温が下がってちょっと寒いな、ってときには、イチョウの黄色いお布団にもぐって暖をとったりもしているにゃ。

※1年を春夏秋冬に分けて、さらにそれぞれを6つに分けた季節を表す暦のこと。

秋

10月31日

たっくさん
「お魚キャンディ」を
もらうぞー！
おー！

‖ かぼちゃにゃんこ ‖

ハロウィン

２０００年以上も前の、ヨーロッパの古代ケルト人が行っていた「サウィン（Samhain）」というお祭りが起源と言われているよ。「サウィン」は「夏の終わり」という意味で、秋の収穫を祝っていたんだ。それが今では、仮装をした子どもたちが近所の家を回ってお菓子をもらう行事に。さらに大人も仮装して一緒に楽しむイベントになったんだにゃ。

秋

11月1日

1週間前から
仕込んでおいた、
おいらお手製の
イクラが!!

‖ 出前寿司にゃんこ ‖

寿司の日

1961年（昭和36年）に制定。この時期は新米が収穫され、魚にも脂が乗っていることから、一年で最も美味しいお寿司が食べられる時期なんだって。ボクたちねこも魚が大好き。普段はウェットやカリカリって呼ばれる専用のごはんを食べているけれど、誕生日とか特別な日にはマグロやサーモン、タイなどの「寿司ネタ」を、少しおすそ分けしてくれるとうれしいにゃん！

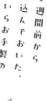

秋

11月3日

おなかが冷えないように丸くなって暖をとるにゃ!

‖ レコードにゃんこ ‖

レコードの日

日本レコード協会が1957年（昭和32年）に制定。文化の日と同じ日に制定したのは、「レコードは文化財である」という思いからなんだって。ボクが頭からしっぽまで全て丸くなり、「アンモニャイト」って寝相になっていると、レコードと間違われることがあるんだけど、ボクの方がムチムチでふわふわであったかいんだから、ちゃんと触って確かめてよね！

秋

11月5日

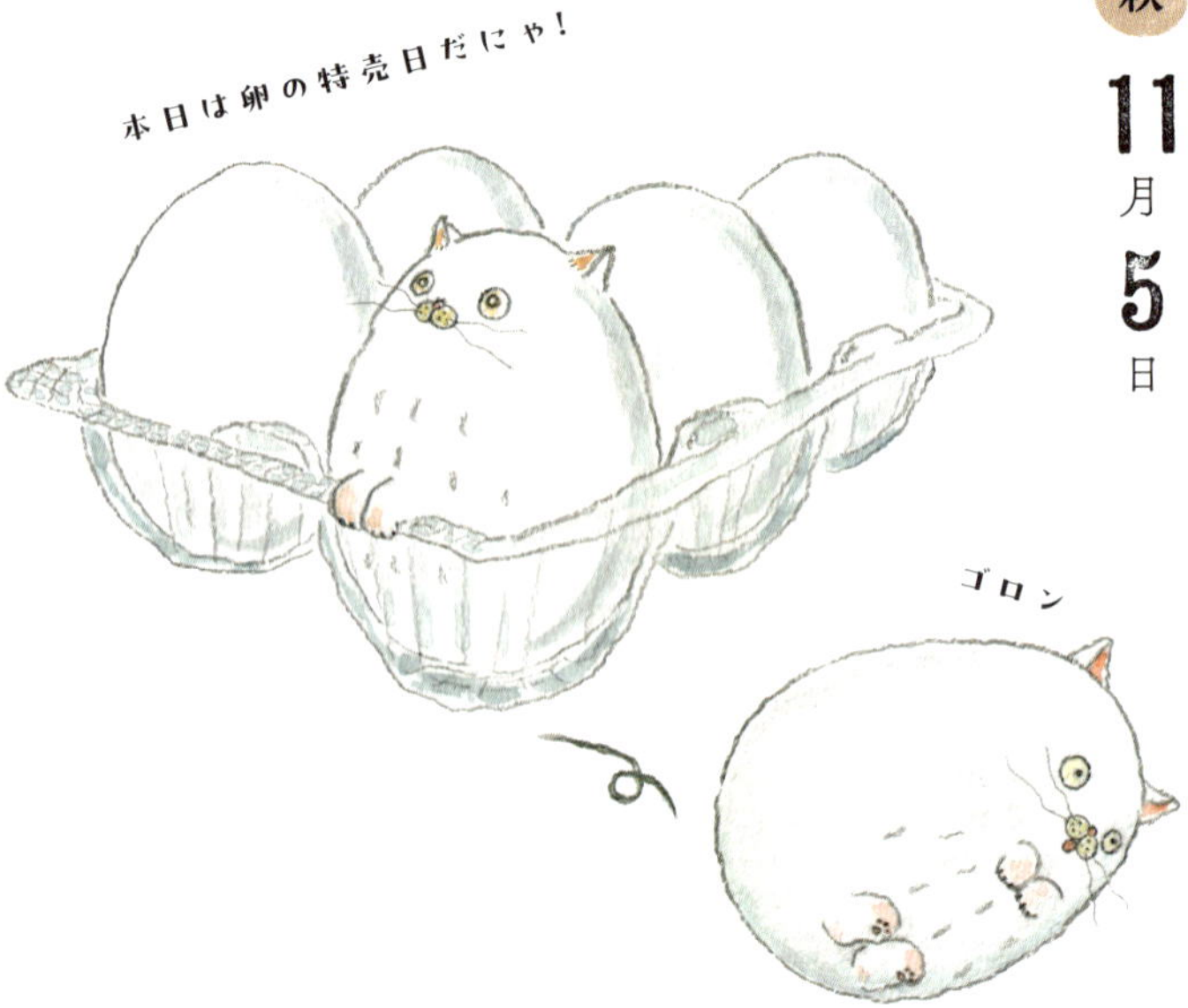
本日は卵の特売日だにゃ！
ゴロン

‖ 特売たまごにゃんこ ‖

いい卵の日

「い《1》い《1》たま《0》ご《5》」と読む語呂合わせから。卵の正しい知識と普及、消費拡大を目的に、２０１０年（平成22年）に日本養鶏協会が制定したよ。卵はタンパク質が豊富だから、肉食のボクたちも、火が通っているものをちょっとだけなら食べてもＯＫ。でも、食べすぎると肥満の原因になるし、お腹を壊しちゃうから、やっぱりヘルシーなササミで我慢しよっと！

秋

11月12日

ちょっぴり
レトロなデザインで、
あたいたちとってもキュートでしょ？

‖ 最強セーラー服にゃんこ ‖

洋服記念日

東京都洋服商工協同組合が1929年（昭和4年）11月12日に制定。洋服は、1872年（明治5年）11月12日に太政官布告令によって、正式に礼服になったよ。江戸時代まで和服中心だった日本では、これからの洋服業者の運命を変える大きな出来事だったみたいだよ。女子学生のセーラー服も意外とまだ日本では100年くらいの歴史なんだって！

秋
11月22日

お先に失礼にゃん！

…!!

通はボクたちを「ぎょく」って呼ぶにゃ

‖ 回転寿司にゃんこ ‖

回転寿司の
定番ネタと言えば
ボク、「にゃーモン」！

回転寿司記念日

回転寿司を考えた白石義明氏の誕生日が1913年（大正2年）11月22日であることにちなんで、回転寿司の生みの親企業である元禄産業株式会社が制定したんだ。回転寿司の記念すべき1号店は、商人の町、大阪！東大阪市の「廻る元禄寿司」だにゃ。今では当たり前に楽しんでいるけれど、ベルトコンベアに乗ってお寿司が出てくるなんて、すごいアイデアだよね！

グーン！
「香箱座り」も
疲れちゃった！

秋

11月23日

勤労感謝の日（新嘗祭《にいなめさい》）

勤労感謝の日の前身は新嘗祭で、農作物の豊作を祝うお祭りだったんだ。新嘗祭の起源は、神話時代と言われていて、とても歴史がある行事。今も昔も毎年の労をねぎらって、働く人や

セクシー大根
にゃんこ

恵みに感謝する日なんだね。毎日何気なく食べている食べ物だけれど、おいしく育ってくれたことに感謝していただかにゃいとね。ボクたちは今回、農家さんが愛情たっぷりで育ててくれた大根になりきってみたよ。

ボクのこの
ムチムチボディを見て、
疲れを癒すのにゃ！

COLUMN

なんでもない日も心と食欲を満たす1日に

秋のコムギ村通信

コムギ村のねこたちの
個性的すぎるもはやアートな秋の楽しみ方を大公開！

＼収穫の秋！／

実も「殻」も愛す

「コムギの森」で木の実拾い。一生懸命拾っているかと思ったら、どんぐりの帽子をかぶって踊り出すねこもいれば、栗の「イガ」の中でウトウトするねこも。気まぐれな性格だから、許してにゃん！

もう食べられにゃい…
まったく…この子ったら食いしん坊なんだから…

‖ どんぐり＆いがぐりにゃんこ ‖

あらま、
このリップスティックったら、
ジャストフィットね！

＼ファッションの秋！／

フィッテングが大事

ワタシたちねこって、ダンボールにしても、ベッドにしても、サイジングがとっても重要なの。もちろんお洋服だってそうよ。お気に入りは「ほんのちょっと小さめ」。覚えておいてちょうだいね！

‖ 妖怪五線譜にゃんこ ‖

＼音楽の秋！／

爪で壮大に作曲

爪を研ぎながら作曲する黒ねこさんを発見！　素敵な曲を書く秘訣を聞いてみたところ、「爪は伸びすぎくらいがいい曲になる」とのこと。ちなみにダンボールを譜面にしているのだそう。

PART 4

| 12月 | 1月 | 2月 |

冬の記念日

ぬくもりと静けさに包まれる、冬の季節。
寒さに負けず、心も体も温まる冬の記念日を、
コムギ村のねこたちとワイワイ過ごそう！

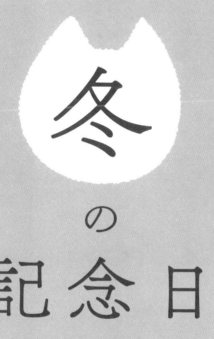

冬

12月1日

映画のお供といえば、
やっぱりポップコーンだにゃ

‖ ポップコーンにゃんこ ‖

映画の日

１８９６年（昭和29年）11月25日～12月1日に、エジソンが発明したキネトスコープが初めて神戸で輸入上映されたんだ。そしてその60年後の１９５６年（昭和31年）から、12月1日を映画の日としたんだよ。ボクたちも「タレントねこ」として、いろんな映画に引っ張りだこ。でも、ボクたちって頭はいいんだけど気まぐれタイプにゃんだよね～☆

冬

12月3日

ねこのマジックには、
タネも仕掛けも
にゃいにゃい
なのにゃ〜！

‖ マジックにゃんこ ‖

奇術の日

日付は手品を披露するときの掛け声の「ワン《1》、ツー《2》、スリー《3》」に由来。1990年（平成2年）に制定されたよ。ボクたちもマジシャンみたいな能力があって、姿を見なくてもご主人なら一発で当てられるにゃ。タネ明かしをすると、ポイントは「音と匂い」！　足音や車の音、ご主人の声が聞き分けられるだけじゃなく、目をつむっていてもご主人の匂いはわかるんだにゃ。

冬

12月4日

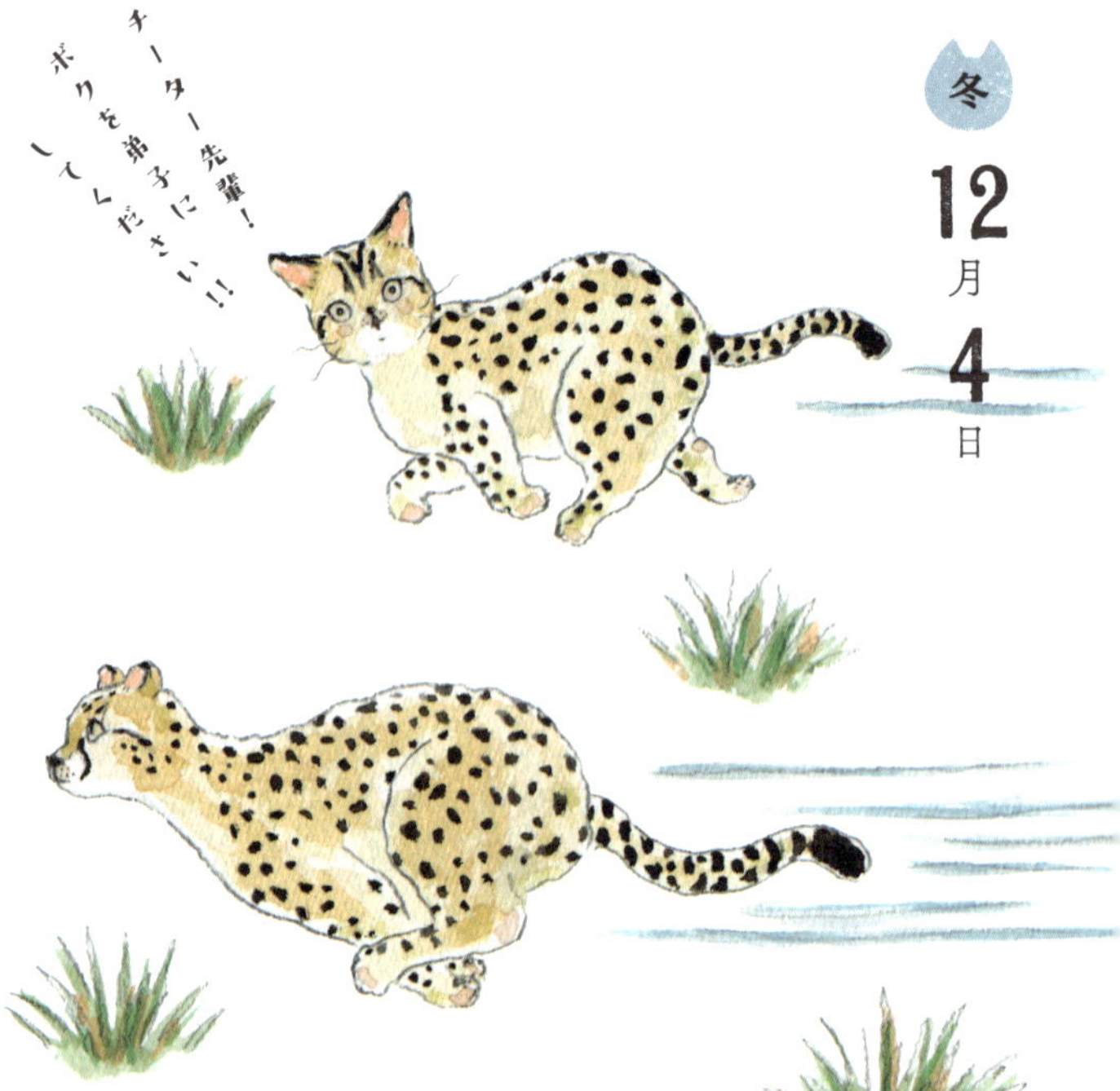
チーター先輩！
ボクを弟子にしてください!!

‖ 猛ダッシュチーターにゃんこ ‖

国際チーターの日

ボクたちと同じネコ科のチーター。実は絶滅の危機に瀕していて、この日は彼らの保全の必要性を知ってもらう日としてチーター保護基金が制定したよ。強そうなイメージだけれど、本当は臆病な性格。サバンナではシマウマにもキリンにも怖がられない存在だそう。ボクたちねこの仲間だと「ベンガル」っていう子が似ているかな。カッコいい柄で、運動神経も抜群なんだ。

冬

12月13日

自慢の白いもふもふの毛も、
掃除が終わるころには
黒ねこににゃってるかも?!

‖ もふもふハンディモップにゃんこ ‖

大掃除の日

江戸時代から伝わる「煤《すす》払《はら》い」に由来し、新年に向けての準備を始める日。12月28日までに終わらせるのが理想だよ。ボクたちと暮らす人間は、毎日ボクたちの抜け毛をコロコロで取ったり、シンクの中の生ゴミをボクたちが間違って食べちゃわないように、こまめに掃除をするようになったみたい。だから、ねこがいるおうちは慌てて大掃除しなくてもいいかもにゃ。

冬

12月22日ごろ

ねーねー、
食材に「にゃんこ」って
つけていいいの…？

冬至

二十四節気※の22番目にあたり、一年で最も太陽が出ている時間が短い日。日向ぼっこが大好きなボクたちは、この季節になるとみんなヒーターの前に集合さ。冬至の日には「ん」のつく食べ

いいに
決まってるよねっ、
ねっ？

鍋焼きうどん
にゃんこ

物を食べると長生きすると言われているそう。

「てんぷらにゃんこ」

「しいたけにゃんこ」

「ねぎにゃんこ」

どれも「ん」が入っているから大丈夫だね！

※1年を春夏秋冬に分けて、さらにそれぞれを6つに分けた季節を表す暦のこと。

冬

12月24日

空飛ぶトナカイにゃんこ

良いこのみんな、プレゼントを届けるから待っててにゃ〜

クリスマスイブ

「イブ」は「夜・晩」を意味する古語「even」に由来。直訳すると「クリスマスの夜」という意味なんだ。「それだと25日の夜では？」って思った？ 実はキリスト教会暦《きょうかいれき》では、日没が1日の始まりで、クリスマスは24日の日没から25日の日没までなんだ。だからその間の夜（24日の夜）が「クリスマスイブ」になるんだ。さっ、おめかしてパーティに行かなくちゃ！

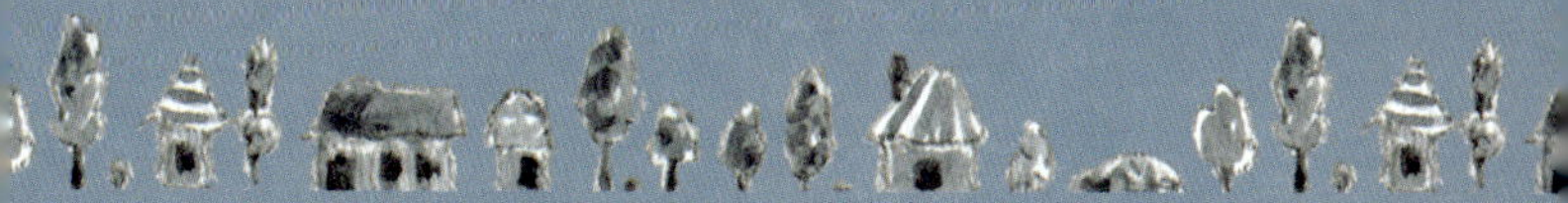

オーナメント
にゃんこ

冬

12月25日

クリスマスの
スティックキャンディみたいに
しっぽをデコったよ！

クリスマスキャンディにゃんこ

丸い体を生かしてオーナメントに変身♪

クリスマス

クリスマスはイエス・キリストの降誕祭。降誕祭とは誕生日ではなく、キリストが生まれてきたことをお祝いする日だよ。とはいえ、日本のクリスマスはあまり宗教的な意味はなく、おめかしてステキな食事をしたりツリーを飾ったりと、みんなで楽しむ冬のイベントになってるにゃ。さて、ボクたちもパーティーニャイトのはじまりだよ。

仕上げにお魚、お魚っと…

クリスマスツリーにおさかなを

冬

12月28日

どすこい、どすこい！
もう驚きも、だまされもしないぞ！

‖ どすこいにゃんこ ‖

日本相撲協会設立の日

日本相撲協会が設立されたのは1925年（大正14年）12月28日。2025年（令和7年）で100周年を迎えるんだ。相撲といえば「ねこだまし」っていう技を知ってる？ 立ち合いの直後に相手の顔の前で両手をパチンと叩くんだけど、一説によるとボクたちがおもちゃを本物の獲物かと思って驚いて、立ちすくむ姿からきているんだとか。

冬

1月1日

今年も1年、
ゆるく楽しく過ごしたいにゃ～！

‖ Happy New Year にゃんこ ‖

元日

元日と元旦、実は一緒じゃないって知ってた？ 元日は1月1日のことだけれど、元旦の「旦」は、日が昇る時（日の出）を表す文字で、1月1日の朝のことを言うんだ。また、元日の朝に汲む水は「若水」といって、1年の邪気を払うんだとか。口をすすいだり、お雑煮を作ったり、書き初めの墨をするときに使うといいんだって。では今年もよろしくお願いいたします！

あれっ、
ねこじゃない
かわいいおめめの
お友だちが
混ざってるにゃ！

冬

1月3日

瞳の日

「ひ《1》とみ《3》」と読む語呂合わせから制定。瞳をいつまでも美しく保つことを目的に制定されたん

だ。ボクたちのチャームポイントもこの大きくて美しい目！　イエロー、グリーン、オレンジって宝石みたいでしょ？　でも実はボクたちって生後1カ月半くらいまでは「キトンブルー」って言って、みんなブルーの目の色をしているんだよ。

冬

1月16日

あれっ、
ボクだけスピードが出ないけど、重量オーバーかにゃ…

‖ お寝坊スーパーにゃんこ ‖

ヒーローの日

「ヒーロー《116》」と読む語呂合わせから。アニメや映画の中のヒーローを世の中に広めることを目的に制定されたんだ。ボクたちも誰か困っている子がいたら、ヒーローみたいに飛んでかけつけるにゃ。高いところからでも華麗に「くるり」と中返りして、着地するのも大得意。ちょっと最近ぽっちゃりしてきちゃったけど、マントで飛んでも大丈夫だよね!?

冬

1月20日ごろ

シマエナガさんの湯たんぽと毛帽子でボクたちもあったかいにゃ〜

シマエナガの日

シマエナガの日（大寒《だいかん》）

シマエナガとは北海道に生息する野鳥。ボクたちと一緒で、寒くなるほど丸いフォルムになるから、1年で最も寒いとされる「大寒」を「シマエナガの日」に制定したんだ。真っ白な体につぶらな瞳がかわいくて「雪の妖精」って呼ばれているよ。ちなみにシマエナガが丸くなるのは、羽の中に空気を入れて膨らませ、暖をとっているからなんだよ。

ボクたち見ての通り、カップル成立です♡

‖ ハートマークにゃんこ♡ ‖

求愛の日

1883年（明治16年）1月27日、日本で初めて新聞に求婚公告が掲載されたことに由来して制定されたよ。ちなみにこの広告を出した男性はめでたく結婚したそう！ ねこの求愛行動は、女の子が積極的。アピールされると男の子もスイッチが入って、気に入られるために毛繕いをしたり、首を軽く噛んで動きを止めたりして、気になる子にアピールするんだ。

冬

2月2日

ちゃんとブラッシングしたからかわいく結べたにゃん!

‖ ツインテールにゃんこ ‖

ツインテールの日

日付はツインを表す「2」が2つ重なることに由来。ツインテールの魅力をアピールしようと制定されたよ。ねこには毛の長い「長毛種」って子と毛の短い「短毛種」って子がいて、長毛種の子はほっぺたの毛でツインテールができるくらい、長くなる子もいるの。顔が「ひし形」に見えるくらいにふさふさしてて、とってもかわいいの。

冬

2月3日ごろ

‖ 心優しき鬼さんにゃんこ ‖

節分

節分は「立春」の前日のこと。そのため、年によって立春の日付が変わる場合は、節分の日付も変わるんだ。節分には「一年間健康に暮らせるように」という願いを込めて、豆まきをしたり、恵方巻きを食べるなど、悪いものを追い出す行事を行うよ。関西の一部の地域では鬼を寄せ付けないように、いわしを焼いて頭を飾ったり（柊《ひいらぎ》鰯《いわし》）、食べたりする風習もあるんだって。

冬

2月5日

やっぱりボクがお兄ちゃんだよな…

‖ ヤンキーさくらんぼにゃんこ ‖

双子の日

「ふた《2》ご《5》」と読む語呂合わせから制定された記念日。人間の双子は妊婦さん100人に1人の確率といわれているよ。ボクたちねこは3〜5匹で生まれてくることが多いから、双子だとちょっとめずらしいかもね。同じ日に一緒に生まれてくるってなんだか神秘的！　ボクたちは2匹で1つのサクランボお帽子を被って双子コーデに挑戦してみたよ♪

冬

2月6日

長風呂したら
茶トラにゃんこに
なれちゃうかも?!

‖ おみかんにゃんこ風呂 ‖

おふろの日

「ふ《2》ろ《6》」と読む語呂合わせにちなんで、2月6日に制定。日本のお風呂文化を国内外に発信するのが目的なんだ。ボクたちもたまにお風呂に入るんだけど、濡れると「誰!?」ってくらいスリムになって驚かれることがあるんだ。あと、大きな音がするドライヤーってやつはちょっと苦手かな…。しっかりタオルで拭いて、自分でブルブル&毛繕いするから必要にゃい!

冬

2月14日

ボクごと
受け取ってくれますか？

‖ 友チョコにゃんこ ‖

バレンタインデー

1932年（昭和7年）、神戸のお菓子メーカー「モロゾフ」が、日本で初めて「バレンタインにチョコレートを贈る」文化を紹介。モロゾフの創業者がアメリカの友人から「欧米では2月14日に愛する人に贈りものをする」と聞いて、この素晴らしい贈りもの文化を日本でも広めたいと考えたのがきっかけなんだって。

冬

2月22日

ねこの日

「にゃん《2》、にゃん《2》、にゃん《2》」の語呂合わせから、日本のねこの日に制定。ねこに関係する記念

ねこって最高〜♪
ねこってかわいい〜♪

日は他にもあるけど、「ねこの日」は集大成だと思って、盛大に愛でてほしいにゃ。ボクが好きなのは寝ること、遊ぶこと、食べること。だから、一緒にまったり寝るもよし、おもちゃで遊ぶもよし、スペシャルトッピングのごはんをくれるもよし。ボクと一緒に過ごそうにゃ！

みんなでラインダンス
にゃんこ

‖ ガーリックにゃんこ ‖

にんにくの日

「にん《2》に《2》く《9》」の語呂合わせから、閏《うるう》年のこの日に制定されたよ。にんにくと言えば、食べたあとの口臭やおならの匂いが気になるよね…? ボクたちねこもお恥ずかしながら、おならをするんだ。でも、ジェントルなボクは、こっそり音は出さずにしているよ。ねこは人間よりも空気を飲み込みにくいから、おならの量も少なく、音がしにくいんだって。

冬

2月の第4日曜日

ボクの冬毛はもこもこふわふわでとってもあったかいにゃ〜
KEITODAMA NYANCO
HANDMAD

‖ 毛糸玉にゃんこ ‖

ハンドメイドの日

ハンドメイドの日は2月のほか10月の第4日曜日にも制定されているよ。ハンドメイド作品が2つの手と10本の指を使って作ることと、「Sunday for craft」※という言葉の「for」が数字の4（フォー）と音が似ていることにちなんで制定されたんだとか。ボクはいつもの座りポーズで毛糸になりきってみたよ。ふわもこの新作毛糸のできあがり〜。

※クラフトのための日曜日。

COLUMN

なんでもない日も寒さに負けずマイペースで！

冬のコムギ村通信

コムギ村のねこたちの
心も体もあったまる冬の過ごし方を紹介！

コムギ村
新春イベントのお知らせ

書き初めで決意表明！

かわいい着物姿のサバ白にゃんこさん。オリジナルの書道セットで何やら今年の抱負を書いているみたいなんだけど、「寝子（ねこ）」って、あなた！　生まれたときからずっとそうじゃない！

‖ ぐーぐー書き初めにゃんこ ‖

ちょっと
正月太りしちゃったかも…

＼新住人紹介／

冬だけ仮り暮らし住人

ボクは「寒ぶりにゃんこ」と申します。寒ぶりに負けず劣らず、脂の乗ったボクですが、冬の海は寒くて泳げたものではありません。今晩はコタツに入って「ぶりしゃぶ鍋」を食べたいと思います。

\「箱」大量入荷の季節到来！/

新春箱はじめ

お正月のお酒に余興のおもちゃにと、ネットで色々買い込んでいたようで、段ボールがたくさん余っているみたい。それぞれサイズにこだわりがあるのはわかるけど、それで本当に合ってる…？

番外編

コムギ村オリジナル記念日

コムギ村には、村の住人たちがゆるく、楽しく、
毎日を過ごすためのオリジナル記念日がたくさん！
番外編では人間のみなさんに、
その一部をこっそり教えちゃうにゃ。
「楽しみ上手」なボクたちの、
祝日の過ごし方を見ていってちょうだい！

comugimura original

これからもみんなで
楽しくやっていこうにゃ！

コムギ村の
ぱりぴアニマル

5月7日

コムギ村開村日

コムギ村は「コムギの粉（こ《5》な《7》）」の語呂合わせにちなんで、5月7日にできたんだ！　記念日にはひきたての小麦粉を使って大きなケーキを焼いて、みんなでパーティーを開くんだ。

‖ タヌキ寝入り講習会 ‖

偶数月の8日

化かし合い大会の日

秋になると行われる、タヌキとキツネ…ではなく、ねこ同士の化かし合い大会だにゃ。当日までに、化かしの本家のもとで修行して、本格的な技術を習得。タヌキチームとキツネチームの二手に分かれて化かし合うんだ。

‖ きつねダンスにゃんこ ‖

おしっぽ
にゃんこ

毎月第2木曜日

健康診断の日

コムギ村の健康診断の検査項目の1つ「立ちしっぽ」。嬉しいことがあるとしっぽがピンと立つねこの習性を活かして、ストレスフリーかどうかをチェックするにゃ。

毎月1日

カンガルーの子どもごっこの日

生まれたてのカンガルーは小さすぎて誕生日を特定するのが難しいそう。だから袋から顔を出した順に誕生日を決めているんだって。コムギ森からやってきたカンガルーママのおなかを借りて、毎月抽選会をしているのにゃ。

ハイハイ！
ボクが一番早かったよ！
今日はボクだって!!
ボクのママなのに…

‖ カンガルーにゃんこ ‖

‖ むし歯にゃんこ ‖

ミルク味、お待たせしました～!

‖ 歯磨き粉にゃんこ ‖

月・水・金曜日

歯磨き粉を味わう日

ボクたちねこって、歯磨きは不要って思われているみたいだけど、奥歯に食べカスが残りやすいんだよね。だから3日に1回は必ず歯磨きをするようにみんなに呼びかけているんだ。歯磨き粉はチキン、ミルク、シーフードの中から好きな味が選べるから、香りに敏感なボクたちもおいしく歯が磨けるのにゃ。

毎月8、9、10日の3日間

かぶりもの体操の日

開催日程は「ハッ《8》ト《10》」の語呂合わせにちなんで、8から10日の期間ってわけ。8日は野《8》菜、9日は果《9》物、10日は魚（とと）のかぶりもので踊るよ！

わわ！倒れちゃうよ〜！
あらま！
おっとっとっ！
いちご大福みたいって思った？

かぶりものにゃんこ
オールスターズ

電波が入った日

コムギ村と通信できる日

コムギ村がどこにあるのかはヒミツなんだけど、ここだけの話、月に何度かコムギ村と繋がることのできる「Nyai-Fi（ニャイファイ）」という電波が飛ん

激レア電波を受信セヨ！
気分屋のボクの動向が見逃すにゃ！
FREE

黒ねこ電話＆
フリーWi-Fiにゃんこ

でるらしいよ。その電波を使えば「黒ねこ電話」でボクたちコムギアニマルともおしゃべりできるみたい。みんなも幻の「Nyai-Fi」をつかまえてみてね♪

おっ！
入村希望者かな？！
セールス電話は
「シャー（お断り）」です

猛ダッシュ
アヒルにゃんこ
アヒルのおにさん、
ボクをつかまえられる
かにゃ～

冬に一度

コムギ池をお掃除する日

コムギ池はコムギアニマルたちのお気に入りスポット。きれいな状態を保つために、みんなで冬の間に1回は必ずお掃除するよ。まずは水面に浮いた落ち葉を集めて…って、こらこらそこのにゃんこさん！　アヒルさんたちとおにごっこはじめないでくださーーーーい！

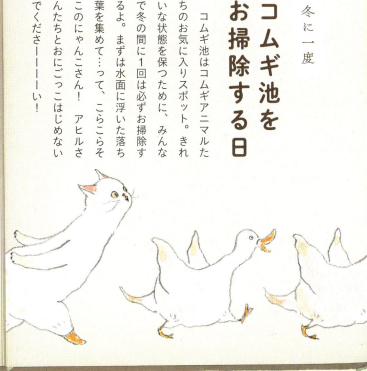

隔日の夜

大運動会の日

コムギ村のほぼデイリーイベント、深夜の「大運動会」。動物たちが一堂に集まって、紅白に分かれて競技を楽しむよ。ちょっと!! 玉入れのみなさん、他の競技に乱入しないで、所定の位置に戻ってくださ〜い!

てんてこまい
運動会にゃんこ
あれ…、ここはどこにゃ?!
なんだかとっても重たいんだけど…

tocorocomugi

都内アパレル会社にてファッションデザイナーを経験後、イラストレーター・デザイナーとして活動を開始。手描きならではのやわらかな風合いで、ちょっぴりあやしくてなんだかクセになる、ねこや動物たちの日常を描く。

ねこねこ春夏秋冬《しゅんかしゅうとう》
今日《きょう》はにゃんの日《ひ》？

2025年3月1日　第1刷発行

著　者　tocorocomugi《トコロコムギ》
発行者　竹村　響
印刷所　株式会社光邦
製本所　株式会社光邦
発行所　株式会社 日本文芸社
〒100-0003
東京都千代田区一ツ橋1-1-1
パレスサイドビル8F

乱丁・落丁本などの不良品、内容に関するお問い合わせは、小社ウェブサイトお問い合わせフォームまでお願いいたします。
URL https://www.nihonbungeisha.co.jp/

Printed in Japan
112250214-112250214Ⓝ01（160059）
ISBN978-4-537-22269-2

編集担当　和田

Staff
ブックデザイン●若井夏澄（tri）
編集●三好史夏（ロビタ社）

記念日出典協力
一般社団法人日本縫製機械工業会／一般社団法人東靴協会／公益財団法人どうぶつ基金／一般社団法人日本電気協会／一般社団法人日本パン工業会／一般社団法人日本アイスクリーム協会／一般社団法人日本真珠振興会／公益社団法人日本ボウリング場協会／公益財団法人神経研究所精神神経科学センター睡眠健康推進機構／一般社団法人全日本コーヒー協会／日本特用林産振興会／全国すし商生活衛生同業組合連合会／一般社団法人日本レコード協会／一般社団法人日本養鶏協会／東京都洋服商工協同組合／一般社団法人映画産業団体連合会／公益社団法人日本奇術協会／チーター保護基金／公益財団法人日本相撲協会／バスリエ株式会社

参考
［国土交通省］
https://www.mlit.go.jp/mizukokudo/mizsei/tochimizushigen_mizsei_tk1_000012.html
［JAXA］
https://fanfun.jaxa.jp/faq/detail/313.html
［モロゾフ株式会社］
https://www.morozoff.co.jp/quality/valentine/
［明石市立天文科学館］
https://www.am12.jp/toki-kinenbi/
［東京スポーツ］
2014年7月31日発行、8面
［伊勢新聞］
1883年1月27日発行、4面